STATION SÉRICICOLE DE MONTPELLIER

MÉMOIRES ET DOCUMENTS

SUR LA SÉRICICULTURE

LA SOIE EN EUROPE

HISTORIQUE SOMMAIRE

DE SA PRODUCTION ET DE SES MANUFACTURES, JUSQU'EN 1873

EXTRAIT DU RAPPORT

DE

P. PINCHETTI, F. MATTIUZZI, J.-B. NESSI

Sur les Soies et Soieries à l'Exposition universelle de Vienne

(Traduit de l'italien, par E. MAILLOT)

MONTPELLIER

IMPRIMERIE CENTRALE | COULET, LIBRAIRE-ÉDITEUR
DU MIDI | GRAND'RUE, 5

1875

S

STATION SÉRICICOLE DE MONTPELLIER

MÉMOIRES ET DOCUMENTS

SUR LA SÉRICICULTURE

LA SOIE EN EUROPE

HISTORIQUE SOMMAIRE

DE SA PRODUCTION ET DE SES MANUFACTURES, JUSQU'EN 1873

EXTRAIT DU RAPPORT

DE

P. Pinchetti, F. Mattiuzzi, J.-B. Nessi

Sur les Soies et Soieries à l'Exposition universelle de Vienne

(Traduit de l'italien, par E. Maillot)

MONTPELLIER

IMPRIMERIE CENTRALE   COULET, LIBRAIRE-ÉDITEUR
DU MIDI   GRAND'RUE, 5

1875

PRÉFACE DU TRADUCTEUR

———

Pour produire la soie et pour la manufacturer dans des conditions économiques avantageuses, il importe beaucoup de connaître l'état où ces industries se trouvent aujourd'hui dans les diverses parties du globe et les vicissitudes qu'elles ont éprouvées autrefois, sous l'action de causes très-variées.. Mais une semblable étude n'est pas sans offrir certaines difficultés; l'une des plus grandes peut-être vient de la foule de documents statistiques et historiques qui sont nécessaires, et qu'on ne procure se pas aisément.

Sous ce rapport, le mémoire de MM. Pinchetti, Mattiuzzi et Nessi, pourra être consulté très-avantageusement. Ce mémoire est extrait des travaux des jurés italiens à l'Exposition universelle de Vienne.

Les auteurs, se tenant spécialement dans le domaine des faits, ont été très-sobres d'appréciations, relativement aux causes d'où ces faits peuvent dépendre. Ils n'ont pas hésité néanmoins à attribuer les plus fâcheux résultats à l'intolérance religieuse et au régime protecteur, en signalant d'autre part, comme causes de richesse, la liberté, la paix, et surtout l'instruction, « ce bien le plus précieux de tous les biens. »

Sur un point encore, j'appellerai l'attention du lecteur, à savoir, sur l'énorme différence de production soyeuse que présentent la France et l'Italie, différence qui existe depuis bien des années, sans être cependant commandée par la force des choses.

D'après les documents publiés par le *Syndicat de l'Union des marchands de soie de Lyon* et par le *Moniteur des soies,* on peut évaluer comme il suit, d'une manière approximative, la quantité de soie grége

portée annuellement sur les marchés de l'Europe (valeur moyenne des
années 1872, 1873 et 1874) :

France	640,000	kilogrammes.
Italie	2,964,000	—
Espagne	200,000	—
Grèce, Turquie, Caucase	575,000	—
Chine (exportation)	3,401,000	—
Japon (id.)	707,000	—
Inde (id.)	462,000	—
Total	8,949,000	kilogrammes.

D'où il ressort que la production de l'Italie en soie grége est
presque quintuple de celle de la France.

Cependant nos départements du Midi sont éminemment propres à
la culture du mûrier; les soies qu'ils donnent sont de qualité supérieure et recherchées à haut prix par les fabricants d'étoffes; nos
paysans n'ont pas moins de goût pour l'élevage des vers à soie que
ceux de la Lombardie; enfin les maladies qui sévissent sur les chambrées ne sont pas plus difficiles à combattre sur ce versant des Alpes
que de l'autre côté.

Conclusion : notre production en soie peut, *quand on le voudra*,
s'accroître du simple au double, au triple, au quadruple et plus encore.
On admettra seulement que, pour obtenir de tels résultats, *qui veut la
fin* doit aussi *vouloir les moyens;* qui veut, avec une once de graine,
produire 40 ou 50 kilogrammes de cocons, ne doit pas acheter cette
graine du premier venu, ni la confectionner au hasard; qui veut, avec
la même main-d'œuvre et la même dépense, récolter trois ou quatre
fois plus que ne faisaient nos ancêtres, doit abandonner leurs erre-
ments, accepter le secours de la science au lieu de le repousser de
parti pris; chercher, en un mot, son salut dans l'instruction, au lieu
de tomber en proie au découragement.

Il y a, dans la Lombardie seule, plus de microscopes et de sélectionnistes que dans toute la France. Outre la station séricicole de Padoue, qui se livre à des recherches scientifiques, un grand nombre d'observatoires, succursales de la station, sont établis sur tous les points de l'Italie, pour répandre les bonnes méthodes et venir en aide aux éleveurs. Les plus riches propriétaires ne dédaignent pas de s'occuper eux-mêmes d'une question si importante. Bref, on peut dire que les beaux travaux de M. Pasteur sont universellement pratiqués, et avec grand succès, dans ce pays.

La France a tardé trop longtemps à suivre la même route ; mais elle a des Comices agricoles, des Sociétés d'agriculture, qui pourraient, sans beaucoup de peine, organiser des observatoires analogues à ceux des Italiens. Bien mieux, nos Écoles normales d'instituteurs sont des centres tout préparés, où quelques instructions pratiques suffiraient pour former chaque année des centaines de prosélytes.

Quelques bons résultats ont été déjà obtenus de cette manière, surtout dans ces dernières années; mais la grande majorité des éleveurs végète encore dans l'ignorance la plus complète. En leur faisant connaître les succès de leurs voisins d'Italie, on hâtera peut-être le moment où ils se décideront à les imiter.

LA SOIE EN EUROPE

HISTORIQUE SOMMAIRE

DE SA PRODUCTION ET DE SES MANUFACTURES, JUSQU'EN 1873

ITALIE

Avant d'exposer comment l'art de la soie se trouvait repré-
senté à l'Exposition de Vienne, nous croyons opportun de ré-
sumer à grands traits l'histoire de la fabrication de cette matière
précieuse et l'état de développement qu'elle a pris chez les
principales nations de l'Europe. Cette étude concourra au but
que nous nous sommes proposé, et qui est de montrer pour quelles raisons l'industrie du tissage de la soie, si brillante autrefois
dans quelques-unes de nos principales cités, dont elle assurait
plus que toute autre la puissance et la richesse, est ensuite tom-
bée en décadence parmi nous, à mesure qu'elle devenait plus
prospère dans d'autres pays, alors cependant que nous demeu-
rons toujours au premier rang pour la production de la soie elle-
même.

Il n'est pas possible de déterminer avec précision l'origine de

l'industrie de la soie, ni les progrès lents et continus de ces
applications par lesquelles l'homme a su porter cet art à un tel
degré de perfection. Une semblable tâche exigerait des documents beaucoup plus authentiques que ceux qu'on trouve épars
dans les ouvrages des siècles les plus reculés, et qu'on a reproduits dans ces derniers temps.

Sans doute le ver producteur de la soie est resté longtemps
inobservé, avant que l'homme s'appliquât à étudier sa naissance,
à imaginer le moyen de l'élever et de le gouverner, à l'amener
enfin à maturité, et lui faire subir cette admirable transformation qui devait le rendre plus tard d'un prix immense à nos yeux.
C'est aux habitants des régions *sériques*, comme les appelaient
les Romains et les Chinois, qu'on attribue la priorité et le mérite
de la découverte du ver à soie; personne, toutefois, ne s'est
hasardé à définir quel degré de perfection ces peuples avaient
pu atteindre dans le travail du cocon, avant l'introduction de la
soie en Occident.

Nous avons également jugé impossible de déterminer l'époque à laquelle remonte le commerce de la soie en Asie. Ctésias,
médecin à la cour de Darius, fait mention de la région *sérique*
et des caravanes qui en arrivaient; il nous confirme ainsi dans
la pensée que la Chine est la patrie du ver à soie, et nous induit
à présumer que là aussi se sont établis les premiers métiers à
tisser la soie, semblables par la forme et le mécanisme à ceux
que nous voyons encore aujourd'hui dans ce pays stationnaire.

Par la force des événements et en raison même de la beauté
des étoffes de soie et de l'usage qui s'introduisit de les employer
comme articles de luxe, la culture du mûrier et l'élevage des vers
se répandirent peu à peu d'une manière prodigieuse d'Orient
en Occident, et en même temps se développèrent d'une manière
progressive ces perfectionnements dans l'art de filer le cocon
et de tordre la soie que notre siècle compte et admire.

De la Chine, la soie se répandit successivement dans l'Inde, puis la Perse et la Phénicie. Ce dernier pays surtout garda pendant longtemps une suprématie incontestée pour la bonté de ses produits industriels, au point que le principal trafic des tissus soyeux appartint pendant de longues années à Sidon et à Tyr.

Le premier réveil de l'industrie et du commerce de la soie en Occident se produisit dans le courant du VI⁰ siècle, c'est-à-dire à l'époque de l'empire de Byzance. Jusqu'à Justinien, les étoffes de soie avaient été constamment estimées comme de la plus haute valeur, parce que les difficultés du transport de l'Inde et de la Perse en centuplaient le prix. Au VI⁰ siècle, l'éducation des vers à soie fut introduite en Occident, et, d'après ce que disent les chroniqueurs, ce fut par l'initiative de Théodora, femme de Justinien, et par l'habileté de quelques moines qui rapportèrent de Chine, par fraude, les œufs du ver à soie dans un bâton creux, puis enseignèrent l'art d'élever ce ver et d'en travailler le précieux produit.

Cette industrie fut, depuis lors, une immense source de richesse pour l'Europe, dont le génie ne s'arrêta jamais pour la pousser au plus haut degré de perfection.

Les Byzantins s'y appliquèrent les premiers, et surent éclipser les tissus de la Perse par la beauté de leurs étoffes et sans doute aussi de leurs riches et splendides ornements d'église, dont les dispositions artistiques se sont conservées jusqu'à nos jours sans se modifier notablement.

Aussitôt que les graines du ver à soie eurent été importées à Byzance, on y prit des mesures opportunes pour en assurer l'élevage. — Le Péloponèse, appelé plus tard Morée, fut planté de mûriers : de là, le nom de cet arbre. On diminua ainsi, puis on supprima tout à fait, le besoin qu'on avait des étrangers pour acheter le fil soyeux. — En 1018, les Vénitiens, s'étant assujetti l'île d'Arbo sur les côtes de Dalmatie, lui imposèrent la charge de payer chaque année un certain nombre de livres de soie, ou bien le même poids d'or pur. — Roger, roi de Sicile, en 1147, débarqua en Grèce, et transporta de là dans son royaume les mûriers et la culture du ver à soie ; de là elle se répandit en Italie.

Palerme tint le premier rang; mais, peu de temps après, les soies de cette ville trouvèrent pour rivales celles de la Calabre, et ensuite de Lucques, de Florence et de Venise. — Lucques se distingua particulièrement ; l'art de travailler la soie y prit de telles proportions qu'il occupait jusqu'à 30,000 personnes. Les procédés du travail, dans cette ville, étaient tenus secrets avec tant de jalousie, qu'il y avait peine de mort pour celui qui aurait révélé ses méthodes pour tordre la soie. De là l'opinion établie que les Lucquois ont été les maîtres des Florentins. Chez ces derniers, l'art de la soie avait une importance capitale en 1204; et à la même époque il en était de même à Venise, où fut créée une magistrature spéciale pour surveiller la fabrication des draps d'or et des étoffes de soie.

Vers 1272, à Bologne, un sieur Borghesani, Lucquois, inventa la première filature hydraulique, qui demeura un secret pendant quasi trois siècles pour ceux de Bologne et de Modène. Le secret fut alors révélé par un certain Ugolin, que ses concitoyens punirent en le pendant en effigie. — L'invention de Borghesani s'étendit dans d'autres villes d'Italie; avec une astuce et une peine incroyables, l'Anglais Jean Lombe réussit à en copier le modèle dans le Piémont et le transporta en Angleterre, où il fut récompensé par un don de 10,000 livres sterling.

En 1293, quand la suprématie des nobles fut détruite à Florence, les classes démocratiques prirent le dessus, à tel point que les arts eurent l'influence principale dans la chose publique. Pour le prouver, il suffit de rappeler que chacun devait appartenir à un certain art, et que les adeptes des travaux soyeux étaient considérés parmi les plus nobles. De cette manière prirent origine et se fondèrent ces magnifiques établissements civils

et religieux qui sont encore l'objet d'une admiration universelle.

L'extension et la prospérité dont l'art de la soie jouit après
cela en Italie se montrent assez par les ordonnances qui furent
rendues au sujet de la culture des mûriers.

En 1423, Florence proclamait l'exemption d'impôt pour le
mûrier. En 1440, elle ordonnait que tout propriétaire de fonds
plantât au moins cinq de ces arbres ; et, en 1443, elle en pro-
hibait l'exportation, tandis que l'importation se faisait en fran-
chise. A Milan, une criée de 1470 ordonne que l'on plante un
nombre déterminé de mûriers par chaque cent perches de terre ;
une autre ordonne que l'on fasse connaître le nombre de ces
arbres, et que celui qui n'a pas dessein d'élever lui-même des
vers cède sa feuille au maître soyer, au prix du jour. Les manufactures de soie avaient pris alors une telle extension en
Italie, que la soie du pays ne leur suffisait plus et qu'il fallait
aller en chercher dans les Calabres et les îles grecques.

Quelques-uns assurent que Ludovic Sforza établit, le premier,
une pépinière de mûriers dans son parc de Vigevano ; que de
là ils furent répandus dans la Lombardie, et que Sforza lui-
même en tira le surnom de *More*.

Sous la domination de François Sforza, Milan comptait un
nombre très-considérable de métiers à soie ; et cet art était pro-
tégé, non-seulement par des primes, des dotations, des pen-
sions, des exemptions ; mais on allait jusqu'à méconnaître en sa
faveur le droit de propriété, une loi obligeant le voisin d'un
fabricant de soie à lui vendre sa maison, si elle était nécessaire
pour l'extension de son travail industriel.

Vers la même époque, Florence comptait 84 grandes fabriques
de soieries, qui fournissaient du travail à 20,000 ouvriers ;
aussi les Florentins tenaient-ils le premier rang dans toute l'Europe, pour les draps de soie et les brocards à champ d'or et
d'argent, qu'ils envoyaient en France, en Espagne et dans le

Levant. A Venise, les étoffes de soie procuraient un revenu annuel de 500,000 ducats, avec une exportation très-vaste, favorisée par une marine sans égale. Gênes exportait ses velours et ses damas, et en tirait 4 millions et demi de francs par an.

A Milan, les manufactures de soie prirent au même temps un développement remarquable : 4,000 ouvriers étaient occupés à cette industrie, dont l'importance s'accrut par l'immigration des Lucquois, après la prise de leur cité par Castruccio.—En 1580, l'État de Milan exportait pour 3 millions de francs de soieries, sans parler de la consommation à l'intérieur.

En ces temps-là, l'élevage du ver à soie fut aussi introduit à Côme. D'après le choniqueur Muralto, les campagnes de cette province offraient l'image d'une forêt de mûriers. Un certain Pietro Boldone, citoyen de Côme, y introduisit l'art de la soie. Il fut le premier à établir, en 1510, un moulin pour la tordre ; et, en 1554, cette ville accorda un prix de 400 fr. à Pagano Merino, pour avoir entrepris la manufacture des draps de soie.

Les derniers à mettre la main à cette riche industrie furent les Piémontais, chez lesquels la culture du mûrier s'introduisit, vers 1560, par les soins d'Emmanuel-Philibert : afin de vaincre l'ignorance par son exemple, il propagea cette culture dans ses biens allodiaux.—Vers 1681, Victor-Amédée II ordonna des règlements pour les filatures et les tours à filer, dont le nombre et l'importance augmentèrent toujours davantage ; de sorte qu'à Turin même, où il n'y avait que quelques fabriques dès 1573, l'industrie des soies put, dans un court espace de temps, prendre l'accroissement qu'on pouvait désirer.

Mais tant de prospérité ne dura pas longtemps. A cette époque, l'Italie était encore à la tête du commerce de l'Europe. Venise, Gênes, Pise, Florence, Amalfi, Ancône, sillonnaient librement la Méditerranée, et dominaient l'Océan et la Baltique. —Toutes les marchandises des Indes orientales et du Levant venaient en

Europe sur des navires italiens, qui emportaient en échange les produits de nos manufactures. La seule République de Venise avait 11,000 marins, nombre excessif en ces temps-là, où l'art nautique était peu avancé et les voyages au long cours tout à fait inconnus.

Vers le XVIe siècle, l'industrie soyeuse en Italie était tellement florissante et perfectionnée, que ce pays gouvernait les principaux marchés et rendait quasi toutes les nations tributaires de ses produits. Cela résultait surtout du régime de liberté, qui permettait aux industries de se développer et de faire des progrès ; outre cela, des lois excellentes, basées sur un système d'économie bien étudié, tendaient toutes à favoriser une industrie si avantageuse et si honorable pour la nation. — Un tel exemple concourt à nous donner la persuasion toujours plus forte, que c'est dans la paix et la liberté que résident véritablement les garanties de la prospérité de l'industrie soyeuse. La liberté est nécessaire à son développement ultérieur, à son économie interne, et la paix est nécessaire à l'écoulement de ses produits.

Jaloux d'une si grande richesse, les étrangers s'étudièrent, sinon à nous la ravir, du moins à y prendre une large part. Milan, la première, et plus que toute autre parmi les cités italiennes, eut à souffrir de la négligente domination espagnole ; à tel point qu'en 1700, nous la trouvons dépeuplée, sans travailleurs, et réduite à jouir maigrement d'un reste de vitalité, au bon plaisir et à l'avantage de ses maîtres. Un peu avant le milieu du siècle courant, on voyait encore parmi nous les reliques traditionnelles de cette pauvre industrie, entre autres les étamines, les crêpes, les bas de soie, imposés par la mode espagnole, et les crinières ou perruques, qui donnaient une forme baroque à la tête de nos ancêtres.

L'Italie vit dépérir sa riche industrie soyeuse par le concours des événements : la domination française, prolongée pendant dix-huit ans ; la ligue de Cambrai, qui fit crouler le commerce, déjà tombant, des Vénitiens; enfin, comme nous l'avons dit plus haut, la domination espagnole, qui dura en Lombardie pendant cent soixante-douze ans et l'opprima d'un déluge affreux de lois et de décrets injustes, ridicules et inutiles, dont le seul effet fut de paralyser toute industrie et de répandre la misère dans les provinces italiennes.

Il résulte de la suite de faits ci-dessus énumérés que l'industrie des soies, dans toutes ses branches, eut son berceau dans notre pays, et y parvint à un éminent degré de perfection, alors qu'en France et chez les autres nations elle était encore dans l'enfance; qu'en outre, la décadence où est tombé cet important rameau de notre prospérité nationale doit être attribuée à un mauvais régime de gouvernement, bien plus qu'à l'inertie des populations Avec la chute des Républiques, la sûreté publique disparut; et nos aïeux, opprimés par des gouverneurs étrangers, écrasés sous le poids des impôts, avilis, bannis, contraints de s'exiler, ne purent conserver à leur industrie soyeuse cette suprématie qu'ils avaient obtenue après tant d'années d'activité féconde.

Parmi les pays étrangers, les premiers qui profitèrent de la décadence de notre industrie soyeuse, en s'en appropriant les éléments, furent l'Espagne et la Suisse, par l'effet du voisinage de la Sicile, d'une part, de la Lombardie, de l'autre.—Nous dirons plus loin le degré de prospérité où se trouve présentement l'industrie soyeuse dans les divers États de l'Europe, et les circonstances économiques et politiques en présence desquelles son développement lent et progressif s'y est opéré, de manière à ouvrir à ses principaux États une source extraordinaire de richesse nationale.

Bornons-nous maintenant à remarquer que, depuis plus d'un demi-siècle, les principales nations d'Europe, excepté l'Italie, ont poussé si loin le développement et le perfectionnement de la fabrication des soieries, qu'on ne sait si l'avenir y mettra des bornes. C'est bien à regret que nous exceptons l'Italie : les fabriques de soieries ont dépéri dans les mêmes cités où elles prospéraient autrefois ; et, si aujourd'hui elles ne sont pas tout à fait mortes, elles ne sont rien moins que florissantes.

Au moyen âge, Venise tenait le premier rang dans le commerce des soieries ; de son antique splendeur il ne reste que le souvenir.— On en pourrait dire autant de Palerme, de Milan, de Lucques, de Sienne, de Florence et de Bologne. Toutes ces villes ont, pendant de longues années, exporté leurs soieries dans toute l'Europe, et aujourd'hui ne comptent plus que de rares métiers, insuffisants pour pourvoir aux besoins de la consommation locale. Gênes elle-même, qui fut pendant bien longtemps renommée pour la fabrication de velours du plus haut prix, a vu ses manufactures déchoir, depuis cinquante ans, de leur antique prospérité, et cette industrie des velours a quasi quitté la Ligurie, pour s'établir en France et en Allemagne, où elle a fait des progrès merveilleux.

Turin et les pays d'alentour ont eu aussi d'importantes fabriques de soieries. Mais, de nos jours, leur activité est bien diminuée. Actuellement, aux environs de Gênes et de Turin, on ne trouve pas plus de 2,500 métiers actifs, la plupart occupés à la fabrication des velours et dispersés sur la côte orientale de Gênes ; ils s'y maintiennent à la faveur du bas prix de la main-d'œuvre, avantage qui suffit pour compenser en partie l'infériorité des mécanismes.—On trouverait peut-être un nombre total de métiers plus considérable, si l'on comptait encore les fabriques éparses dans les provinces de Milan, Bologne, Sienne, Rome, Naples et Catane ; mais toutes ont une production très-limitée et un caractère purement local.

La ville de Côme peut se dire la seule qui tienne le palladium de l'industrie de la soie en Italie, et on peut dire qu'elle en représente le principal centre. En 1872, cette ville et sa province

possédaient environ 6,500 métiers, donnant le travail immé-
diat et la subsistance à plus de 10,000 personnes, et ne produisant pas pour moins de 10 millions de francs. Dans les autres
cités d'Italie, la manufacture de la soie s'est réduite et a cédé le
pas à la concurrence étrangère.— Comme on l'a déjà dit, l'origine des fabriques de Côme remonte à 1554. Au commencement,
cette industrie manufacturière s'y développa lentement; jusqu'en
1714, elle resta fort limitée et dans des conditions très-précaires.
Cette année-là, par la convention de Radstadt, la domination de
l'Autriche succéda à celle de l'Espagne, et les Cômois, ayant
moins de charges qu'auparavant, purent à leur aise développer
leurs fabriques, d'une manière lente mais continue, de sorte
qu'au lieu des 60 métiers qui travaillaient à Côme en 1714, il y
en eut 209 en 1760, 275 en 1772, 553 en 1788, 651 en 1790,
905 en 1791, et 1,333 en 1795—L'invasion française fut si rui-
neuse pour ces fabriques, qu'elle en fit tomber le nombre à 375;
les soieries ne purent ensuite reprendre l'importance qu'elles
avaient en 1795, privées du débit sur la place de Vienne, qui
était le principal centre d'exportation pour les fabriques de
Côme.—Un peu après le retour des Autrichiens (1799), 615 métiers battaient à Côme, et treize mois après, quand les Français reparurent, il y en avait 575. Pendant les quatre années
suivantes, la République cisalpine redevint plus florissante par le
commerce des soies de Côme : en 1804, on comptait dans cette
ville 920 métiers. Tant que dura la *royauté d'Italie*, la prospérité des manufactures de soie fut nécessairement en décadence,
écrasées qu'elles étaient par l'industrie française ; elle ne put
revivre que quand nous fûmes assujettis de nouveau à l'empire
autrichien (1815).

A partir de cette époque, les étoffes de soie de Côme trouvèrent un placement facile sur le marché de Vienne, ce qui
permit aux fabriques cômoises de s'accroître d'une façon notable. Elles firent même une concurrence si efficace aux fabriques

de Vienne, établies en 1797, qu'un grand nombre de celles-ci durent congédier leurs ouvriers. Depuis lors, l'importance productive des fabriques de Côme alla toujours en augmentant ; de sorte qu'en 1836 on y comptait 2,450 métiers battants ; en 1848, 2,520 ; vers 1852, 2,000 ; en 1856, 2,700, et en 1858, de 2,850 à 3,000. Ce nombre se maintint à peu près jusqu'en 1869, malgré les crises graves des années 1859 et 1866 et l'impôt élevé qui fut établi sur les soieries italiennes à leur importation en Autriche.

Les fabriques de soie de Côme se sont encore développées depuis, au point de tripler en fort peu de temps l'importance de leur production.

Il n'est pas possible de dire avec précision quel est le nombre total des métiers battants en Italie pour la fabrication des soieries. Nous eussions voulu en donner une statistique complète et constater les progrès accomplis dans ces dix dernières années; mais, malgré nos efforts, nos recherches n'ont pas abouti. Les documents statistiques officiels de date récente manquent absolument. Beaucoup d'industriels refusent de faire connaître l'état réel de leurs manufactures, ce qui a rendu vaines les tentatives opérées dans ce but par notre gouvernement. — En remontant au commencement de cette période décennale, nous trouvons, à la vérité, quelques chiffres publiés là-dessus (1); mais, si on les compare avec ceux qui résultent approximativement des dépositions écrites et verbales de divers grands industriels, dépositions publiées avec les actes de l'enquête industrielle, on découvre une telle discordance, qu'on est amené à croire à une

(1) D'après une statistique jointe au rapport des jurés de l'Exposition nationale de 1861, il y avait en Italie 30,756 métiers battants. Ce nombre, évidemment exagéré, fut réduit à 20,000 par le regretté P. Maestri, sur la foi de documents qu'il recueillit plus tard. D'après l'avis de beaucoup d'industriels, adonnés à l'art de la soie, ce dernier chiffre est encore beaucoup trop élevé pour représenter l'extension réelle de l'industrie du tissage en Italie.

2

forte diminution, plutôt qu'à un accroissement dans nos manufactures de soie; cela ferait présager un triste avenir pour le
tissage des soies en Italie. Nous sommes libres, quant à nous, de
croire cette conclusion en contradiction manifeste avec les faits.
Cependant, on ne peut mettre en doute les dépositions concor-
dantes faites par un grand nombre d'industriels italiens, devant
la Commission d'enquête industrielle, et il faut bien admettre
que l'estimation du nombre des métiers battants en 1862, en
Italie, portée à 20,000, était réellement surfaite de beaucoup.

Nous croyons être bien près de la vérité en évaluant à
12,000 le nombre des métiers en activité en 1872, dans toute
l'Italie, pour la fabrication des étoffes de soie. On en compterait
environ 7,000 en Lombardie, 2,500 en Piémont et 2,500 dans
la Vénétie et le reste de l'Italie. Le nombre des ouvriers directement occupés à cette industrie peut être évalué à 20,000 au
moins, en comprenant dans ce nombre les tisseurs, avec tous
les employés aux opérations subsidiaires du tissage, par exemple
pour dévider, ourdir, plier et remettre les chaînes, assortir la
soie, etc.— Le produit de 12,000 métiers, en supposant qu'ils
travaillent sans interruption, peut correspondre à une valeur
moyenne de 35 à 40 millions de francs, dont un tiers corres-
pond à la teinture et la main-d'œuvre, et deux tiers à la matière première.

C'est peu de chose en vérité, surtout si l'on réfléchit à l'énorme
quantité de soie que produit annuellement notre pays. Et quand
bien même on n'admettrait pas le chiffre de métiers que nous
avons déduit de nos inductions, et qu'on en trouverait quelques
milliers de plus dans la Vénétie et l'Italie centrale et méridio-
nale, on ne pourrait pas pour autant conclure à une augmen-
tation proportionnelle dans la production; car, en dehors des
fabriques de la Lombardie et du Piémont, et de quelque louable
mais bien rare exception, tous les autres métiers ne sont pas
toujours en activité, ne travaillent pas toute l'année, et ne don-

nent par conséquent pas une production proportionnelle. —
Mais les fabriques dont on vient de parler, dans lesquelles on
veille à l'organisation, aux perfectionnements nouveaux, à la
belle qualité de la production ; les fabriques spécialement des
provinces de Milan et de Turin, qui font les étoffes façonnées et
unies ; les fabriques de la province de Gênes, qui font les velours ;
les fabriques plus importantes encore de la province de Côme,
qui font les soies unies, présentent, répétons-le encore, des
garanties d'une rapide et vaste régénération manufacturière.

Comme compensation au petit nombre des métiers à soieries
que nous possédons, comparativement à ceux des autres nations
d'Europe, nous avons un avantage capital : c'est l'énorme quantité de soie grége que nous produisons. Le fait est que notre
pays est dans les derniers rangs en Europe pour l'industrie tex-
tile, et que, par sa production en soie, il occupe le premier
parmi les nations qui s'adonnent le plus à cette culture. — La
production et le travail de la soie représentent la plus essentielle
des industries italiennes ; celle qui est liée étroitement à toutes
les branches de notre existence économique, depuis l'agriculture jusqu'aux manufactures, aux banques et au commerce.
L'art de filer la soie est très-répandu, depuis de longues années,
dans une centaine d'arrondissements de quarante provinces
d'Italie (1), ce qui représente en surface quasi la moitié de notre
sol ; le moulinage est exercé à peu près exclusivement dans les
provinces de la Lombardie et du Piémont.

D'après les meilleures statistiques, avant 1855, quand l'atrophie du ver à soie ne s'était pas développée, on évaluait à
environ 50 millions de kilogrammes de cocons la production

(1) Parmi les 40 provinces, celles de Côme et d'Otrante sont celles qu
occupent les points extrêmes de l'échelle dans notre production de soie
Celle de Côme produit même, en général, presque le double des plus fécondes
parmi les autres provinces du royaume d'Italie.

ordinaire de la soie en Italie ; ce chiffre représenterait, d'après
quelques auteurs, la cinquième partie de la production annuelle
de la soie dans le monde entier, et plus du quintuple de la production actuelle de la France, nation de l'Europe la plus productive en soie après l'Italie.

Un tableau statistique de la production de la soie en Italie est
dressé tous les ans par un filateur important de Milan, M. Pas-
quale de Vecchi, homme très-estimé en Italie et à l'étranger.
Nous lui empruntons les chiffres suivants, qui donnent la quantité de soie grége obtenue dans ces dernières années, avec la
proportion de ces récoltes comparées à celles des meilleures
années :

Récolte avant la maladie : 3,710,000 kilogram.		Diminution
— en 1863	2,308,000	38 p. 100
1864	1,731,000	55
1865	1,762,000	52
1866	1,800,000	51
1867	2,000,000	46
1868	1,900,000	49
1869	2,150,000	42
1870	3,180,000	14
1871	3,475,000	6
1872 (1)	3,125,000	16

Nous puisons à la même source le tableau de la répartition
de cette dernière récolte de 1872 :

Piémont, Ligurie et Sardaigne.........	482,000 kilogram.
Lombardie,.......................	1,170,000
A reporter....	1,652,000

(1) On évalue la récolte de 1873 à 2,960,000 kilog., et celle de 1874 à
3,450,000 kilog. (*Pinchetti, Corriere del Lario*).— E. M.

Report.......	1,652,000
Parme et Plaisance................	40,000
Modène, Reggio et Massa	40,000
Romagne..	60.000
Marche	77,000
Ombrie..........	15,000
Toscane...............᠉....	126,000
Provinces napolitaines......	224,000
Sicile .. ..᠉.................	155,000
Vénétie....	500,000
Tyrol........	258,000
TOTAL......	3,125,000 kilogram

Il résulte clairement de ces chiffres que la récolte de la soie s'est augmentée, dans ces dernières années surtout, au point d'atteindre la même valeur que dans les années antérieures à l'invasion de la maladie. Ce beau résultat, il faut bien le proclamer, est dû en grande partie à l'énergie qu'ont montrée les producteurs et les commerçants italiens, pour combattre les effets désastreux de cette terrible épizootie. — Pas de remèdes qui n'aient été essayés, pas de contrées lointaines ou même inhospitalières qui n'aient été visitées pour rechercher de la bonne graine ; ni les insuccès, ni le temps et les capitaux perdus, n'ont jamais rien enlevé à l'ardeur opiniâtre et persévérante des sériciculteurs italiens, quand il s'agit de sauver le précieux insecte. Loin de s'abandonner, comme les Français, au découragement, ils se sont efforcés d'améliorer et de multiplier les élevages, de manière à compenser presque complétement le déficit causé par le rendement inférieur des graines japonaises ; aussi peut-on croire que, dans des conditions ordinaires de récolte, l'Italie serait en état de produire non moins de 60 millions de kilogrammes de cocons.

FRANCE

L'industrie de la soie en France commença à s'éveiller avec la plus grande activité sous Charles IX, dans les contrées du Midi: le Languedoc, la Provence et le Cômtat d'Avignon.

Les premières manufactures de soie avaient été fondées à Lyon et à Tours en 1465 ; on voit donc que la fabrication des étoffes devança la production de la soie en nature. Plus tard, Louis XI, voulant favoriser l'accroissement de ces fabriques, fit venir des ouvriers de Gênes, Venise et Florence ; son exemple fut imité par François Ier, qui en tira d'autres de Milan. Ensuite, par les soins d'Henri IV, des artisans en soierie furent établis aux Tuileries et ailleurs, et la noblesse conférée à ceux qui s'étaient distingués dans leurs travaux pendant un temps déterminé.

De nos jours, tout le monde sait que la ville de Lyon peut être considérée à juste titre comme le centre principal, la ville par excellence, des fabriques de soie en France. Les premières fabriques de Lyon furent fondées sous la direction d'Italiens exilés des Républiques de Venise et de Florence ; cette industrie prit ensuite un développement rapide, grâce à la protection efficace que lui prodiguèrent Louis XI, Charles VIII, Henri IV et Louis XIV. Vers 1685, Lyon comptait déja 10,000 métiers battants, qui vingt ans après, à la suite des persécutions religieuses provoquées par la révocation de l'Édit de Nantes, tombèrent à 2,000. Mais les fabriques lyonnaises, par leur énergie propre, se relevèrent d'un coup si désastreux, et au bout de peu d'années, car, en 1739, elles occupaient 7,500 métiers, et, en 1753, 10,000 métiers, répartis entre 700 fabricants.

En 1765, le nombre des métiers s'éleva à 12,000 ; en 1788, à 18,000, qui employaient 10 à 12,000 quintaux de soie, provenant pour un tiers de la production indigène. Ce fut l'épo—

que la plus heureuse et la plus lucrative des anciennes manufactures lyonnaises : leurs étoffes splendides pour vêtements,
ameublements et tapisseries, étaient sans rivales, à cause de la
décadence des manufactures de Venise, Florence et Gênes ;
toutes les cours d'Europe les recherchaient avidement, et l'Italie
elle-même était devenue tributaire des fabriques de Lyon.

La Révolution éclata, et donna une telle secousse à l'industrie soyeuse, que le nombre des métiers en activité à Lyon
tomba à 3,500. L'Empire, malgré toute sa grandeur et ses protections, ne put en ajouter à ce chiffre que 9,000 ; de sorte que
le total nous reporte au même point que sous Colbert. Les mer-
veilleuses inventions mécaniques dues à Vaucanson, Falcon,
Ponson, Verzier, et les perfectionnements de Breton, Skolas et
Jacquard, contribuèrent éminemment à donner de l'extension
aux manufactures de France et à faire rechercher leurs produits à l'étranger. Il faut citer surtout l'invention de la machine
qui rendit illustre le nom de Jacquard (1805), par laquelle le
prix des étoffes de soie fut notablement diminué, en même temps
que s'améliorait la condition des ouvriers ; cette machine révo-
lutionna l'industrie, et lui assura une prospérité extraordinaire :
il est impossible de calculer les avantages qu'en tira la ville de
Lyon.—Au retour de la paix, le nombre de ses métiers monta
à 20,000 ; en 1823, à 24,000 ; en 1827, à 27,000. Malgré les
insurrections de 1832 et 1834, il atteignait 40,000 vers le milieu de l'année 1837, et dépassait 50,000 lorsque le mouvement révolutionnaire de février éclata. —De 1848 à 1852, le
nombre des métiers ne fit qu'augmenter, et parvint à 65,000
rien que dans Lyon et ses faubourgs.

Comme il arrive pour toutes les industries de luxe, la fortune
et le revers de ses fabriques furent toujours, sans conteste,
très-intimement liés avec la situation du pays, et toujours su-
bordonnés à l'état de prospérité ou de misère qu'entraînaient
à leur suite la paix et la guerre, selon qu'elles abattaient ou ra-
nimaient les populations.

Il est impossible, par défaut de données authentiques, de suivre l'accroissement graduel et progressif des fabriques de Lyon depuis 1852 jusqu'à ce jour. Toutefois, en consultant les rapports annuels de la Condition des soies de Lyon, publiés par les soins de la Chambre de commerce, nous trouvons des données statistiques très-précieuses et qui parlent assez éloquemment, quand même elles n'auraient pas la précision des renseignements que donnerait le nombre des métiers battants. Cet établissement a reçu :

En 1807, —	362.557 kil. de soie.	
En 1824, —	634,602	—
En 1844, —	1,361,889	—
En 1854, —	2,375,387	—
En 1864, —	3,508,652	—

Ce dernier chiffre représente également la moyenne des dernières années (1).

Pour appuyer ces chiffres d'autres données plus précises, on n'a qu'à examiner le tableau de l'exportation des soieries de la France, emprunté aux tableaux officiels de l'Administration des douanes. On verra que la moyenne annuelle d'ensemble, pour l'exportation des soieries de toute sorte, a été :

De 1827 à 1836, —	121,400,000	francs.
De 1837 à 1846, —	134,700,000	—
De 1847 à 1856, —	274,700,000	—
De 1857 à 1866, —	414,000,000	—
De 1867 à 1872, —	465,000,000	—

C'est Lyon qui fournit le principal contingent de cette exportation, et après Lyon, Saint-Etienne, son digne satellite pour la fabrication des rubans ; puis Tours, où se font surtout les étoffes pour ameublements. Ces tissus, exportés de France, sont

(1) En 1874, il a dépassé 4 millions. — E M.

expédiés aux États-Unis, en Angleterre, en Allemagne, en Autriche, en Russie, en Belgique, dans les Pays-Bas et le Levant.

Vers 1852, les Lyonnais se flattaient d'une suprématie incontestée pour la fabrication des étoffes de haute nouveauté et de
grand luxe ; leur activité s'exerçait presque uniquement à ces
sortes de produits. — Mais une ère nouvelle, surgissant des ruines
de la société d'autrefois, a commencé à s'affirmer énergiquement, en donnant origine à d'autres habitudes, à d'autres cos-
tumes, à des institutions nouvelles. La destruction des classes
privilégiées, la répartition plus égale des fortunes, l'égalisation
des conditions sociales, en conséquence la coparticipation d'uhe
grande partie des populations aux sources de la richesse publique, enfin les tendances ouvertement démocratiques, impli-
quaient la nécessité de donner une direction analogue aux
productions industrielles. Les produits splendides, somptueux,
d'une richesse étonnante, demeuraient, comme toujours, la plus
haute expression de l'art de la soie ; mais l'industriel lyonnais
peut se convaincre, bien qu'un peu tard, de la nécessité de ré-
former radicalement ses ateliers : il s'aperçut, en effet, qu'en
raison du nouvel ordre des choses et des besoins d'une classe
de consommateurs plus nombreux et moins exigeants, il était
essentiel, pour l'industrie, de s'occuper de produire des étoffes
moins coûteuses et d'un emploi plus général ; il s'aperçut, en un
mot, que, si la France se laissait vaincre sur ce point par les
concurrents du dehors, ses fabriques de soie, celles de Lyon
surtout, ne deviendraient bientôt qu'une partie insignifiante de
la richesse nationale.

Pour lutter contre la concurrence extérieure et maintenir
sa suprématie dans le tissage des soies, il fallait donc diviser le
travail, constituer de vastes associations, et donner plus d'extension à l'exécution mécanique.

Au lieu de s'endormir sur leurs lauriers, les Lyonnais entre-
prirent ladite réforme avec une activité fébrile. Les opposants

les plus obstinés à cette transformation urgente de l'organisation des fabriques de soie se laissèrent persuader, et par les crises fréquentes et les interruptions de travail, qui excitaient sans cesse le mécontentement des ouvriers, et par la concurrence gigantesque que faisaient à l'industrie lyonnaise les fabriques d'Angleterre, de Suisse et de Prusse ; car, dans ces trois contrées, le tissage s'était beaucoup étendu, et, à l'aide de métiers mécaniques, on y fabriquait beaucoup d'articles courants, comme failles, foulards, lustrines, marcelines, grisailles, rubans, etc. En outre, la mode avait ramené le goût des étoffes unies, à teintes plates, et des tissus légers ; on oublia, dès lors, les soies brochées, pour la fabrication desquelles Lyon a possédé et possédera peut-être toujours une supériorité sans rivale : il s'ensuivit une crise fortement éprouvée. Pour en diminuer les effets désastreux, les manufacturiers lyonnais s'appliquèrent énergiquement à transformer entièrement leurs ateliers, à faire usage de métiers mécaniques, selon l'exemple des Anglais, et à substituer la grande industrie à la petite, ce qui est, à vrai dire, la base et le principe élémentaire du bon marché.

Les petites fabriques, sous l'étreinte de conditions qui mettaient en jeu leur existence, durent peu à peu disparaître, tandis que les mieux constituées s'efforcèrent de s'agrandir en partageant les dépouilles de celles qui avaient succombé, et constituèrent un syndicat afin de présenter plus de front dans la nouvelle lutte industrielle. Mais le haut prix des salaires oblige la ville de Lyon à s'interdire la production des articles courants ; la population ouvrière a dû, par conséquent, en disparaître chaque jour, pour se rendre dans les pays et départements environnants, là où la vie est moins chère et où des chutes d'eau fournissent à l'industrie des moteurs à meilleur marché (1).

(1) A la campagne, le fabricant fournit à l'ouvrier tous les ustensiles dont il a besoin, et lui paye pour la main-d'œuvre 55 p. 100 de ce qu'il payerait à Lyon. Dans les grands ateliers, le fabricant fournit aussi le local, et donne des salaires inférieurs de 45 à 50 p. 100 aux salaires de Lyon.

De cette manière, le nombre des petits fabricants a diminué, pendant que s'accroissait considérablement le chiffre d'affaires des fabriques demeurées debout et que s'inaugurait à Lyon la grande industrie : ces fabricants purent se dédommager ainsi des pertes causées par le discrédit des soieries brochées, en produisant en plus grande abondance les articles unis. Le tableau suivant en fournit la preuve évidente :

Exportation de France, en millions de francs

	1855		1862		1867		1871		1872
Etoffes unies...	142	...	193	...	294	...	324	...	308
— façonnées	39		30		9		4		1,75
— mélées..	49		60		18		16		17
Rubans..	117		47		61		111		110
	347		350		382		455		436,75
Passement., etc.	11		33		40		42		51,25
Exportation totale...	358		363		422		497		488 »

Les statistiques évaluent à 5,000 les métiers mécaniques à tisser les soies, que la vapeur ou les chutes d'eau mettent en mouvement en France; le plus grand nombre est dans le département du Rhône. Les anciennes fabriques lyonnaises n'ont été conservées que pour les articles de luxe et de grande nouveauté.

Au moyen des documents déjà cités, nous résumerons en quelques chiffres l'état actuel des soieries lyonnaises; il est une conséquence très-concluante de la réforme qui s'y est opérée en un temps relativement assez court.

En 1872, 120,000 métiers battaient pour les fabricants de Lyon et donnaient le travail à 180,000 ouvriers environ ; un quart seulement de ces métiers sont dans la ville, et 90,000 dans six ou huit départements circonvoisins.

Ces métiers consomment annuellement plus de 2,200,000 kilogrammes de soie, et les étoffes tissées représentent une valeur d'environ 460 millions de francs, sur lesquels 350 sont pour l'exportation, et 110 pour la consommation du pays. Cette importante production comprend tous les articles divers :

Foulards écrus et imprimés........	30 millions.
Crêpes...........................	8 —
Tulles unis et damassés......... ..	14 —
Velours tout soie et mêlés..	30 —
Satins —	25 —
Taffetas et failles noires.... . ... ·	165 —
— — de couleur........	110 —
Etoffes unies diverses.....	10 —
— façonnées pour vêtements...	3 —
— pour tapisseries et ornements	
· d'église................	10 —
— mêlées diverses .... ·	20 —

Quatre cents fabricants concourent à cette énorme production, et le chiffre d'affaires de plusieurs d'entre eux arrive à 10, 15 et 20 millions de francs. Ces fabricants sont entourés d'un cercle de quatre-vingts maisons de négoce et soixante maisons de commission, par le moyen desquelles les fabriques de Lyon sont mises en relation avec le monde entier.

Pour suffire à cette production, les fabriques françaises puisent la matière première à deux sources :

1° La production indigène;

2° La production extérieure.

En consultant le mouvement de la Condition des soies de Lyon pendant ces dix dernières années, nous trouvons que la moyenne des soies reçues à cet établissement se compose comme il suit :

       30 pour 100   de France;
        8   —   de Brousse, de Perse et du Levant;
       40   —   du Bengale, de Chine et du Japon;
       22   —   d'Italie;

ce qui montre clairement combien est petite la production en soie de la France, en comparaison de la quantité d'étoffes fabriquées dans ses manufactures. En fait, d'après les statistiques les plus accréditées, la production de la soie dans ce pays a diminué dans des proportions énormes, par l'effet de la maladie des vers.

La production annuelle des cocons en France s'est élevée, de 1845 à 1854, à une moyenne de 17,578,600 kilogrammes (1); elle fut à son apogée en 1853 et égale à 20,000,000 de kilog. Les progrès désastreux de l'atrophie des vers à soie la firent tomber, en 1855, à 12 millions de kilogr.; de 1856 à 1860, à une moyenne annuelle de 10 millions; de 1861 à 1865, à une moyenne de 8 millions, et en 1865 à 5 millions et demi. — Dans les années suivantes, la production de la France en cocons a oscillé de 8 à 10 millions de kilogrammes; finalement, en 1872, nous la trouvons de 9,871,000 kil., chiffre certifié par le syndicat des marchands de soie de Lyon. Cette quantité a fourni 636,800 kil. de soie grége : c'est environ la cinquième partie de ce qu'a produit l'Italie la même année (2).

On élève les vers à soie dans vingt départements de France. Par rang d'importance, ces départements sont : le Gard, la Drôme, l'Ardèche, Vaucluse, les Bouches-du-Rhône; et, après eux, le Var, l'Isère, l'Hérault, les Basses-Alpes, la Savoie, etc.

Plus de 500 grandes filatures et de 800 établissements pour

(1) Duseigneur-Kleber, *Monographie du cocon de soie.* Lyon, 1872.
(2) On évalue la récolte de 1873 à 8,400,000 kil. de cocons; et celle de 1874, à 9,500,000 kil. — E. M.

le travail des soies indigènes et étrangères sont disséminés dans les divers départements du bassin du Rhône, et préparent la matière première pour le tissage. Ils sont alimentés en grande partie par les soies étrangères, dont Marseille est un important marché.

Afin de mieux comprendre toute l'importance commerciale que possède pour ce pays l'industrie soyeuse dans toutes ses branches, il est utile de remarquer la part des soies et soieries dans le tableau officiel du commerce de la France en 1872 ; cette part représente plus d'un milliard, c'est-à-dire quasi la sixième partie de la valeur totale des importations et des exportations de la France.

Chez cette nation si active, le travail des soies est favorisé par des associations, des primes, des encouragements ; il est soutenu par des écoles spéciales et professionnelles, des musées d'industrie, des règlements économiques utiles, des institutions de prévoyance et d'humanité : il est parvenu ainsi à une telle perfection qu'il serait, sinon impossible, au moins peu probable qu'on pût la surpasser.

D'autres nations, telles que la Suisse, l'Allemagne et l'Angleterre, en réunissant les avantages d'une fabrication plus économique, ont su donner à leurs propres fabriques une impulsion forte et large, et se mettre ainsi en concurrence avec les fabricants lyonnais, les dépasser même pour beaucoup d'articles, sous le rapport du bon marché et de certains points d'exécution ; cependant, jusqu'ici, aucune n'a pu rivaliser avec les Lyonnais pour le mérite de l'invention, de la nouveauté, de la richesse des tissus, de la beauté des couleurs et de l'élégance des dispositions, qualités qui, depuis quatre siècles, légitiment pour le monde entier leur incontestable supériorité.

Les Lyonnais ont su la conserver par l'emploi excellent et judicieux des matières premières, par l'usage bien approprié des soies étrangères aux articles courants, par la division du travail, par le concours mutuel d'une nombreuse réunion de dessinateurs, d'artistes, de teinturiers, d'imprimeurs, d'apprêteurs, de patrons et d'ouvriers, tous d'accord pour rivaliser d'émulation et se perfectionner chacun dans son industrie propre, en vue d'un but commun.

En outre, comme pour garantir un avenir prospère à cette fabrication si parfaite, Lyon possède des institutions nombreuses et excellentes, parmi lesquelles il faut citer, pour le côté technique, les établissements publics pour le conditionnement, la purge et l'essai des soies; les magasins généraux des soies et leurs succursales de Marseille et d'Avignon; en outre, une Chambre syndicale pour le commerce des soies, et une Chambre syndicale pour les soieries.

Sous le rapport de l'instruction professionnelle, il y a, en premier lieu, l'École gratuite polytechnique de la Martinière, que fréquente la classe ouvrière, et qui a pour but d'instruire et de former des tisseurs, des contre-maîtres, des mécaniciens, des teinturiers et directeurs de fabriques; ensuite l'École centrale, qui est le couronnement de la Martinière; l'École de commerce, de création récente; l'Ecole Saint-Pierre, qui forme les meilleurs dessinateurs et cultive un art inséparable de la prospérité et de la gloire de l'industrie lyonnaise; enfin, comme annexe et complément de cette École, le Musée d'art industriel, approprié à l'industrie locale. — A l'entour de ces écoles professionnelles, l'initiative privée en a créé d'autres pour former des commis de fabrique : ainsi, les écoles pour la composition des étoffes, le montage des métiers et la théorie du tissage. Enfin il faut citer les nombreuses institutions de prévoyance, de secours et de bienfaisance, pour la classe ouvrière. Au premier rang, la Société de secours mutuel, avec l'annexe d'une caisse de recouvrements pour les ouvriers en soie. Cette Société est la première et la plus importante des institutions du même genre en France; elle reçoit de la Chambre de commerce une subvention annuelle de 105,000 fr. et compte actuellement 5,000 membres.

Ces détails peuvent aisément faire comprendre à tout le
monde pour quelles raisons la fabrication lyonnaise est si pros-.
père et capable d'une production si riche, toujours croissante;
résultat qui n'est pas l'effet d'une combinaison du hasard, mais
bien d'une résolution arrêtée de s'appliquer sans relâche à faire
prospérer toutes les parties de cette fabrication.

ANGLETERRE

Pendant que Lyon, surmontant toutes les difficultés, s'avan-
çait dans la voie d'un continuel perfectionnement, de quelle
manière l'industrie des soieries se répandait-elle en Europe?
Disons avant tout que, quand il s'agit de manufactures, il faut
céder le pas à l'Angleterre ; cette nation occupe la première
place sur ce terrain.

Si l'on remonte à l'origine de l'industrie des soies en Angleterre, il faut la placer à l'année 1685, où la révocation de l'Édit
de Nantes fit passer dans ce pays et en Irlande 50,000 Français,
protestants réfugiés.

Parmi ces émigrants, ilse trouvait beaucoup d'habiles ouvriers, et des chefs de fabrique; employés dans les manufactures de soie qui commençaient à s'établir, ils contribuèrent par
leurs connaissances, d'une manière très-efficace, à les faire prospérer. Spittalfields devint leur centre, et fut depuis cette époque,
pour l'Angleterre, ce qu'est Lyon pour la France. A peine l'Angleterre eut-elle éprouvé les avantages qu'elle tirait de cette
immigration des artisans français, qu'elle mit tout en œuvre
pour favoriser et développer cette industrie des soieries, et elle
s'attacha avec une persévérance infatigable à rivaliser contre la
concurrence lyonnaise. A tout prix, elle voulut émanciper son
marché de toute dépendance étrangère. Cette obstination con-

stante à repousser l'importation des soieries françaises, qui dura plus d'un siècle, fait maintenant un des chapitres les plus curieux de l'histoire du régime protecteur appliqué à l'industrie.

C'est seulement quand cette industrie manufacturière eut atteint une prospérité qui lui permit de soutenir victorieusement la concurrence des produits français, que la réforme du système prohibitif, entreprise par Huskisson en 1824, obtint la sanction du Parlement anglais. Depuis cette année, les droits furent progressivement diminués de 25 à 15, puis à 10 pour cent; quand ils furent entièrement abolis, et que l'Angleterre ouvrit ses portes aux soieries étrangères, elle avait en activité 100,000 mé-tiers, qui convertissaient en étoffes plus de 200,000 kilogr. de soie

Dans la Grande-Bretagne, les méthodes sont autres, et tout dans des proportions gigantesques : les métiers domestiques, de fabrication isolée, casanière, éparpillée, sont remplacés par les fabriques mécaniques et les grands établissements industriels. Cependant il ne faut pas croire que les fabriques de soieries anglaises se soient tout d'un trait réorganisées sur le pied des grandes manufactures de coton, de lin et de laine. Pendant un grand nombre d'années, malgré l'esprit incessamment progres-sif et hardi qui caractérise la population anglaise, l'organisation industrielle de l'industrie soyeuse dans ce pays a été telle qu'elle est aujourd'hui en Italie, c'est-à-dire qu'il existait des métiers à la main, dispersés ou rassemblés en petits groupes chez les particuliers.

Actuellement la fabrique anglaise, pour le bon marché de ses produits, est la première en Amérique, là où la France elle même peut difficilement lui faire concurrence. — A une date récente, l'Angleterre faisait battre 120,000 métiers et comptait des manufactures de soie remarquables, non-seulement à Man-chester, à Spittalfields, à Coventry et à Macclesfield, mais encore aux environs de Londres, dans le Lancashire, à Congleton, Leek, Derby, Norwich, Yarmouth, etc.

Cette nation a toujours su inspirer de la crainte à Lyon même, le génie des Anglais en affaires étant grand et leur esprit d'initiative proverbial. Ils y apportent une si grande persévérance, des ressources si grandes, un esprit si actif et si entreprenant, un ensemble si admirable de relations commerciales, qu'une nation en lutte avec l'Angleterre doit se tenir en garde attentivement, si elle veut conserver sa situation intacte. L'Angleterre, disons-le encore, est un hardi lutteur, qui cède rarement le terrain où il a posé le pied.

Tout le monde sait que le climat anglais ne convient pas à l'élevage des vers à soie; les industriels ont donc été toujours obligés de dépendre des autres nations, pour s'approvisionner selon leurs énormes besoins. Il fut un temps où la majeure partie des soies mises en œuvre dans leurs manufactures était achetée en Italie. Mais, depuis qu'est survenue la terrible maladie des vers, ruinant les magnaneries, il n'a plus été possible aux Anglais d'obtenir à des prix modérés une marchandise que l'Italie ne pouvait plus livrer qu'à poids d'or. Ils ont eu recours à l'Asie, et, au bout de peu de temps, ils ont tiré directement les soies dont ils avaient besoin de la Chine, du Bengale et du Japon, puis du Levant, de la Syrie et de la Perse.

Ces soies sont livrées au commerce d'une qualité un peu irrégulière; néanmoins elles ont ouvert une telle concurrence aux soies d'Italie, que celles-ci ne sont plus employées en Angleterre que pour les tissus de premier choix ou pour la chaîne des étoffes, tandis que les soies d'Asie servent plutôt pour faire la trame.

Avec ces soies à bas prix, appliquées d'une façon judicieuse à fabriquer divers articles tout soie, ou des tissus mêlés, tous de grande consommation ; avec l'excellente organisation de ses vastes établissements, où les frais disparaissent dans l'étendue

de la production ; avec ses relations ouvertes sur tous les marchés du globe ; avec son activité infatigable et ses désirs de domination commerciale, qui règnent proverbialement dans la
nation, l'industrie anglaise peut à bon droit se flatter d'avoir la
suprématie sans conteste sur tous les grands marchés du monde,
pour la vente à meilleur prix des produits soyeux.

Il y a peu d'années, ces produits des fabriques anglaises me-
naçaient d'une forte concurrence ceux des fabriques de France,
et surtout de Lyon ; avec ses rubans, Coventry menaçait Saint-
Etienne ; Manchester et Spittalfields rivalisaient avec Lyon.

ALLEMAGNE

Les manufactures de soierie d'Allemagne ont leur siége dans
les provinces de la Prusse rhénane, particulièrement à Crefeld,
Elberfeld-Barmen, et à Berlin. Comme en Angleterre, l'origine
de cette industrie, qui est aujourd'hui très-importante, remonte
à la révocation de l'édit de Nantes, lequel obligea 20,000 Français à chercher un refuge dans le Brandebourg. Ce pays récolta
les fruits des agitations politiques et religieuses des autres États,
et sut établir des fabriques de soie très-remarquables, bien
que son climat soit contraire à l'élevage du ver à soie.

C'est seulement dans les premières années de ce siècle que
cette industrie s'accrut et s'étendit en Allemagne. Auparavant,
elle paraît s'être trouvée bornée à la production d'articles courants, consommés exclusivement dans le pays. — Actuellement
l'organisation des fabriques de soie y présente un caractère
mêlé, comme en Suisse ; dans l'Allemagne aussi, les métiers
sont répandus dans les villes et les villages d'alentour, plus

abondants même dans ces derniers, à cause peut-être du plus
bas prix de la main-d'œuvre et des garanties meilleures d'exactitude, d'ordre et de régularité, qu'on y trouve généralement.
Pour la fabrication des étoffes unies et de grande consommation,
les fabriques rhénanes sont au même rang que celles de Suisse;
elles les surpassent par l'importance de leur production. Elles
prévalent même sur celles de France pour la fabrication des
velours tout soie, et mêlés de coton à fantaisie.

L'importance des manufactures de soie d'Allemagne a quasi
triplé de 1844 à 1872.

L'an dernier le produit total de ces fabriques était estimé à
non moins de 50 millions de thalers, et leur consommation à
980,000 kilogrammes de soie; tandis qu'en 1844, elles n'employaient pas plus de 350,000 kilogr. de soie.

Il y a actuellement en Allemagne environ 330 fabricants,
dont 130 résident dans le district de la Chambre de commerce
de Crefeld, 102 dans le district de la Chambre de commerce d'Elberfeld-Barmen, c'est-à-dire dans les pays de Barmen, Rens-
dorf, Langenberg et Elberfeld; 10 dans la ville de Kempen;
45 dans le district de la Chambre de commerce de Gladbach,
c'est-à-dire dans les pays de Gladbach, Viersen, Lobberich,
Dülken, Rheydt, Süchteln, etc.; 11 dans le district de la Chambre de commerce de Cœln-Muelheim. Les autres sont disséminés dans les provinces du Rhin, ainsi qu'à Berlin, dans le
Brandebourg, à Pirna, à Postdam, à Stuttgart, etc.

Parmi les produits de ces manufactures, ceux qui vont en
première ligne et méritent le plus de considération sont : 1º les
étoffes de soie unie de Crefeld, Elberfeld, Langenberg, Bie-
lefeld et Brandebourg; 2º les étoffes mi-soie ou mêlées de Crefeld, Elberfeld, Barmen, Langenberg et Rheydt; 3º les velours
de Crefeldt, Viersen, Duelken, Suechteln, Rheydt et Muelheim;
4º les rubans de velours de Crefeld, Viersen, Duelken, Lobberich et Muelheim; 5º les rubans tout soie ou mêlés de Crefeld

Muelheim, Barmen, Rondsdorf, Langenberg et Wermelskir-
chen; 6° les draps de soie imprimée de Hilden ; 7° les étoffes
pour meubles et parements de Crefeld, Elberfeld et Munich.

Pour apprécier justement cette industrie, qui constitue la
principale richesse des provinces rhénanes, il suffit de considé-
rer leur consommation en soies ouvrées : les seules fabriques du
Rhin en ont employé, en 1872, 860,000 kilogr.

Il y a en Allemagne deux établissements pour le conditionnement des soies, l'un à Crefeld, l'autre à Elberfeld. Le premier a enregistré, en 1871, 439,027 kilogr. de soie des pro-
venances suivantes : 87 °/₀ d'Italie (56 °/₀ de la Lombardie,
31 °/₀ du Piémont), 5 °/₀ de Chine, 2 °/₀ du Bengale, 3 °/₀ du
Japon et 3 °/₀ de France. Il faut remarquer que le district placé
sous la juridiction de la Chambre de commerce de Crefeld pos-
sédait, en 1871, 32,000 métiers battants à soierie, dont la production n'était guère inférieure à 25,5 millions de thalers. Les
étoffes fabriquées en Allemagne ont leur débit dans l'Allemagne
même, ensuite dans l'Angleterre, l'Amérique du Nord, la
France, l'Autriche, la Russie, la Belgique et la Hollande.

Le tissage mécanique est aussi très-développé dans les centres
que nous venons de citer. Nous ne pouvons cependant préciser
quelle en est l'importance, faute de documents statistiques d'origine certaine. Et il ne faut pas oublier non plus que la fabrique
de soie de Crefeld se distingue par une très-grande variété
d'articles, dont les meilleurs, sans comparaison, sont les velours; les autres étoffes viennent au second rang. Les velours
mélangés courants s'y fabriquent en très-large proportion, et à
des prix si bas qu'ils défient toute rivalité. Pour cette sorte
d'étoffe, qui représente un des tissus les plus riches et les plus
difficiles qui existent, les fabricants de Crefeld ont surpassé ceux
de Lyon; à tel point qu'il y a peu d'années, malgré la surcharge
de 12 °/₀ de droits de douane, des velours de Crefeld se ven-
daient en France en très-grande quantité.

Dans ces vingts dernières années, le perfectionnement du tissage s'est rapidement étendu dans les centres de fabrique de l'Allemagne. Les industriels se sont persuadé que le moyen le plus propre à accroître l'importance de leur commerce est de donner à tous leurs produits les améliorations exigées par le progrès; c'est vers ce but qu'ils ont tourné tous leurs efforts, sans aucune relâche, en copiant, chez les Lyonnais, les innovations les plus utiles et les plus récentes dans l'art du tissage, et en adoptant les métiers mécaniques à l'imitation de l'Angleterre.

On trouve réunis à Crefeld les établissements pour la teinture des soies, pour l'apprêt et l'impression des étoffes qui se fabriquent sur la rive gauche du Rhin. — Les teintureries renommées et importantes de Crefeld, spécialement, ont donné un appui considérable à cette fabrique de soieries, et concouru d'une manière efficace à en assurer le rapide progrès. Elles furent les premières à appliquer les découvertes de la chimie, et à produire de si merveilleux travaux qu'une partie des fabricants étrangers devinrent tributaires de leurs laboratoires.

La ville de Crefeld possède d'ailleurs une école supérieure où la fabrication des soieries est enseignée, à tous les degrés, d'une manière théorique et pratique. Les ouvriers ont aussi des établissements spéciaux, où il leur est facile de s'initier aux connaissances techniques qui regardent l'art du tissage.

Là, enfin, ne font pas défaut les institutions qui tendent à améliorer la situation économique et intellectuelle des ouvriers. Il y a à Crefeld des caisses d'épargne pour les ouvriers, et les fabricants eux-mêmes en sont à la fois les fondateurs et les gérants. — On y dresse à l'ouvrier un compte de dépôt, et, à la fin de l'année, le fabricant y ajoute volontairement un don volontaire de 20 %, des épargnes faites, dans le cas où l'ouvrier est resté fidèle à la maison qui l'emploie.

Quelques fabricants ont adopté un autre moyen d'encouragement, qui consiste à augmenter le salaire usuel de 5 %, quand

l'ouvrier fournit un travail assidu. Tels sont les principaux éléments qui concourent à maintenir la prospérité des fabriques
de soie en Allemagne, et qui en expliquent assez le prodigieux
développement.

SUISSE

L'origine de la fabrication des soieries en Suisse offre beau-
houp d'analogie avec celle de cette industrie en Angleterre et en
Allemagne, pour la même raison sans doute : les discordes religieuses ont été, dans tous ces pays, un des principaux moteurs
de la diffusion des arts et du commerce.

D'après l'opinion vulgaire, la ville de Zurich a été la première
en Suisse à s'occuper de l'industrie des soies ; mais les troubles
graves qui surgirent au XIVe siècle y produisirent tant de dé-
sordres, que cette industrie s'exila pour passer à Côme et dans
le Lario, puis elle revint en Suisse avec la Réforme.

Quoi qu'il en soit, son développement y fut d'abord très-lent,
puisque avant la fin du XVIIIe siècle ses produits ne sont nulle
part mentionnés avec beaucoup d'éloges. Vers 1814, Zurich ne
comptait pas plus de 2000 métiers à soie en activité, tandis qu'il
y en avait un nombre considérable occupés à la fabrication des
mousselines. Les décrets prohibitifs par lesquels Napoléon Ier
chercha à détruire le commerce anglais, en empêchant l'importation des cotons sur le continent, donnèrent un coup mortel
aux manufactures de coton suisses et rendirent opportun le développement des manufactures de soie : celles-ci remplacèrent
donc tout d'un coup celles de coton, dans des proportions considérables.

Un changement si important fut couronné de succès ; et de plus, peu d'années après, les fabriques de soie de la Suisse ayant été notablement secourues par l'immigration d'ouvriers lyonnais qui fuyaient les persécutions dont le retour des Bourbons donna le signal, ces fabriques rivalisèrent avec les producteurs français sur les marchés d'Allemagne.

Vers l'année 1828, Zurich comptait 10,000 métiers battants, et cette fabrication était dirigée par des maisons très-importantes, dont quelques-unes employaient 1200 ouvriers.

Zurich et Bâle sont les principaux centres de la fabrication des soieries en Suisse : Zurich s'applique spécialement aux étoffes unies, Bâle aux rubans. En 1855, on comptait à Zurich et aux alentours environ 20,000 métiers; à Bâle, 10,000.

Les manufactures de soierie en Suisse marchent de front avec celles de l'Allemagne et de l'Angleterre, sinon pour l'importance, certainement du moins pour la perfection des produits. La fabrique suisse n'a aucune prétention aux grands effets ; elle se limite aux tissus courants, simples, non sujets aux fluctuations du caprice et de la mode, visant avant tout au bon marché, et tout au plus à la reproduction économique des nouveautés françaises, en vue d'une vente plus facile et plus assurée. Les produits des fabriques suisses, quoique tendant au bon marché, ne sont pas dépourvus des qualités d'exécution ni du mérite intrinsèque ; aussi les recherche-t-on de préférence.

Le travail des soieries en Suisse alterne en grande partie avec les travaux des champs ; il est donc plutôt un bénéfice qu'un moyen de subsistance pour les ouvriers. Voilà pourquoi la main-d'œuvre y est moins chère ; de plus, les crises commerciales, les intermittences de travail, les grandes perturbations industrielles, s'y font à peine sentir.

Malgré les nombreuses conditions naturelles qui lui sont défavorables, la Suisse est parvenue à porter l'industrie des soieries à un degré surprenant de prospérité et à prendre, en Amérique surtout, un rang que lui envient les puissances manufacturières de premier ordre. Enfermée au centre de l'Europe, elle n'a pas reçu de la nature de grandes faveurs, et elle manque de la matière première ; elle a donc la charge des frais de transport de cette matière et des produits qu'elle fabrique. Qu'on y joigne l'intérêt de l'argent en raison du temps perdu, les difficultés considérables résultant des distances, des passages coûteux à travers des douanes bien souvent sévères et tracassières, les dépenses et droits des intermédiaires, en un mot toutes les pertes directes et indirectes : toutes ces causes ne peúvent que contribuer à ralentir l'activité et éteindre l'ardeur et la force de toute industrie qui tenterait de s'établir dans des conditions aussi défavorables, assujettie à tant de conditions de dépendance et d'infériorité. C'est pour s'en affranchir qu'on élève aujourd'hui des fabriques mues par l'eau ou la vapeur, signe évident de la fécondité et de l'activité de ces industriels, qui s'efforcent de mettre en parfait accord la bonne exécution et le bon marché de leurs produits.

La division du travail y est poussée au plus haut degré. Tout est dirigé et calculé pour obtenir le plus de produit avec le moins de dépense possible : aucun luxe dans les constructions, aucun superflu dans les dépenses de premier établissement, aucun luxe de personnel. Sur deux points seulement, les transactions sont faciles et très-larges, savoir : le choix de bons ouvriers et l'emploi des meilleurs instruments. Les conditions de la dépense ne sont comptées pour rien devant la nécessité de lutter à armes égales contre des compétiteurs fortement organisés : cela est si vrai que, à peine l'Angleterre avait-elle appliqué le tissage à la fabrication des étoffes de soie, la Suisse aussitôt se l'appropriait et s'appliquait sans relâche à l'étudier, à le perfectionner et le mettre en usage, pour créer des produits plus abondants et plus parfaits.

Présentement, de toutes les industries qui prospèrent en Suisse, comme sont les industries des laines, des cotons, des métaux, celle des soieries est la plus importante. Elle a donné lieu, en 1872, à une exportation de produits en soie d'une valeur totale de 215 millions de francs. La même année, les fabricants de Zurich ont fait travailler 26,560 ouvriers tisseurs, dont 18,618 résident aux alentours de cette ville, et 7,942 dans les cantons de Zug, Schwitz et Unterwalden. Il y a aussi des manufactures de soie dans les environs de Berne, Schaffouse, Glaris, Thurgovie et Argovie; Bâle conserve son ancienne spécialité pour les rubans.

Nous voyons, par un tableau statistique de publication récente, que les fabriques dont Zurich est le centre ont consommé à elles seules, en 1872, 491,000 kilog. de soie écrue, qui ont servi à fabriquer les articles suivants, dans les proportions indiquées ci-après :

Marcelines et lustrines	45,165	pièces.
Gros de Naples de couleur	16,062	—
Poult de soie de couleur	28,937	—
Faille de couleur	3,558	—
Gros du Rhin noir	77,275	—
Gros grain noir	11,149	—
Faille noire	7,472	—
Turquoise et reps	10,931	—
Etoffe pour ombrelles	4,299	—
Grisaille	32,963	—
Etoffe rayée de couleur	17,314	—
Articles divers	23,449	—
	278,374	pièces.
Soies mêlées de coton	20,557	—
— de fantaisie	9,821	—
TOTAL	308,752	pièces.

Cette fabrication, répartie entre soixante-dix-neuf maisons de commerce, est secourue par huit établissements de teinture et quatre où les étoffes sont apprêtées et lustrées. En 1872, il y avait aussi 1,150 métiers mécaniques à fabriquer les soieries. Outre le tissage des soies, la Suisse fait aussi, avec la soie grége, des trames et des soies à coudre, dans divers établissements situés sur le lac de Zurich et dans le canton d'Argovie ; enfin il y a à Bâle, Zurich, Schwitz, Argovie et Berne, divers établissements très-renommés pour la filature des déchets de soie.

L'industrie de la soie dans le canton de Zurich fournit, par ses diverses branches, le travail et la subsistance à environ 39,000 ouvriers, dont les salaires se sont élevés, en 1872, à un total de 15,382,186 francs.

Il est opportun de mentionner ici, au sujet de l'organisation des fabriques suisses, quelle précieuse régularité, quelle harmonie elles présentent, dans les rapports d'intérêt entre les ouvriers et les fabricants, et les rapports commerciaux des fabricants entre eux. Là non plus ne manquent pas les institutions de bienfaisance, de secours mutuel, de prévoyance, pour les ouvriers ; quelques fabricants coopèrent à leur prospérité en encourageant les épargnes et combattant les relâches hebdomadaires dans le travail.

En outre, l'instruction est offerte avec une libéralité sans égale à tous ceux qui veulent en profiter. Par sa conduite, l'ouvrier suisse montre bien qu'il comprend parfaitement cette solidarité morale, qui peut seule assurer son bien-être en même temps que la prospérité économique de son pays. Il est éveillé, honnête, laborieux, d'une loyauté qui souffre peu d'exceptions; son attachement à l'industrie qu'il exerce, ses travaux pour perfectionner un art sujet à tant de variations, et surtout sa résignation patiente dans les crises qui le frappent souvent, suffiraient bien à justifier le continuel et riche accroissement que prend tous les ans l'industrie des soieries dans ce pays. Ajoûtons que cet accroissement peut avoir aussi une cause de premier ordre dans l'état intellectuel et moral des populations, qui sentent très-généralement le besoin de s'instruire. Les ouvriers illettrés sont en grande minorité ; les jeunes gens surtout rougiraient de manquer d'un certain degré de culture. Tous aspirent spontané-ment à l'instruction, sachant bien qu'elle est pour tout le monde, et pour eux surtout, le plus précieux et le meilleur des biens.

AUTRICHE

L'importance des fabriques de soieries et de rubans en Autri-che ne fut connue qu'après l'Exposition universelle tenue à Paris en 1855. Elles existaient déjà depuis quelque temps, car leur origine remonte à l'an 1710 ; à cette époque, l'empereur Joseph Ier appela en Autriche quelques Italiens qui commen-cèrent à fabriquer divers tissus de soie. — A la fin de 1762, sur l'invitation de Marie-Thérèse, un Suisse se rendit à Vienne avec 22 ouvriers, et y monta une fabrique de rubans de soie. Malgré les priviléges et les protections qui lui furent prodigués, cette industrie ne fit que peu de progrès jusque vers 1797 ; c'est alors que la perte de ses possessions italiennes ôta à l'Autriche la concurrence des fabriques de Côme et de Milan.

Pendant un intervalle de dix-huit ans, c'est-à-dire jusqu'à ce qu'elle eût recouvré le royaume lombard-vénitien, en 1815, les manufactures de soie d'Autriche prirent un vigoureux accroissement, et donnèrent surtout de l'extension à la produc-tion des étoffes unies ; elles acquirent assez de perfection pour maintenir leur position devant la concurrence des produits des fabriques lombardes.

Malgré les crises industrielles et commerciales qui surviennent si fréquemment dans l'industrie des soies, et les troubles politiques très-graves qui ébranlèrent l'Autriche en 1848, 1859 et 1866, la fabrication des soies progressa lentement, mais continuellement; de sorte qu'aujourd'hui Vienne et ses environs possèdent un nombre de métiers assez considérable.

Les statistiques de l'empire d'Autriche ne permettent pas d'établir avec exactitude le progrès qu'ont fait ces fabriques dans ces derniers temps; mais des informations prises à des sources dignes de foi nous portent à croire qu'il y a environ 150 fabricants occupés à cette industrie, quelques-uns d'une importance très-considérable; et ce qui le prouve encore, c'est qu'ils dirigent environ 6,300 métiers à la main et 200 métiers mécaniques pour la fabrication des étoffes de soie; de plus, pour les rubans de soie, 2,700 autres métiers, dont un cinquième a des moteurs mécaniques. La fabrication des rubans a son centre principal dans l'arrondissement de la Chambre de commerce de Reichenberg, tandis que les représentants techniques et industriels de la fabrication des étoffes de soie sont à Vienne.

Les ateliers d'ouvriers sont disséminés en grande partie dans les provinces septentrionales de l'Empire, surtout à Prague, dans le cercle d'Eger, à Linz; il faut y ajouter plusieurs établissements récemment ouverts en Moravie, en Bohême, dans la Silésie et le Tyrol, où la main-d'œuvre est à bon marché.

Le produit total des fabriques de soierie d'Autriche dépasse 16 millions de florins.

L'Autriche fabrique une très-grande variété d'articles en soie : étoffes unies et façonnées, noires et de couleur; peluches, velours, damas, écharpes, foulards, satins, ornements d'église, étoffes pour tapisseries, châles, cravates, etc.; tout soie ou mêlécoton et de fantaisie. Si l'Exposition faite à Vienne par ces industriels représente bien les types de cette fabrication, nous pouvons affirmer que, par la richesse et la bonne exécution de ces types, les fabriques autrichiennes devraient sérieusement inquiéter l'Allemagne elle-même, en supposant que celle-ci eût moins de confiance en ses propres forces.

Et cela d'autant plus que l'Autriche possède, dans le Tyrol méridional, une source enviée de production soyeuse, remarquable par sa qualité et son importance ; qu'en outre, dans la Hongrie, la Carniole, l'Illyrie et la Dalmatie, où le mûrier végète si vigoureusement, on fait des études sérieuses pour étendre la production de la soie, afin d'émanciper en partie les fabriques autrichiennes de la dépendance de l'Italie.

ESPAGNE

L'Espagne est au nombre des Etats de l'Europe les moins importants quant à la fabrication des soieries. Bien que sa production en soie grége soit de quelque valeur et qu'elle ait connu l'industrie des fabriques avant la France et l'Angleterre, elle ne conserve aujourd'hui qu'un faible reste de son ancienne prospérité ; celle-ci pourrait cependant renaître si l'émigration vers le Nouveau Monde, les discordes intestines, l'apathie des gouvernements, n'avaient contribué à la décadence des manufactures. Il y a bien quelques fabriques à Barcelone et à Valence, mais leurs produits, bornés aux besoins locaux, n'ont que peu ou point d'importance. Il semble que l'Espagne veuille borner ses efforts à la production de la soie et à la filature des cocons. Avant 1853, c'est-à-dire avant l'épizootie des vers à soie, elle exportait environ 400,000 kilogram. de soie grége. Plus tard, les documents statistiques officiels faisant défaut, il ne serait pas facile de préciser à quelle limite cette production a été réduite.

Cependant il est généralement reconnu que les soies gréges d'Espagne sont estimées aujourd'hui pour être soigneusement filées.

PORTUGAL

Le Portugal, autrefois renommé pour ses fabriques de soie, ne peut être cité aujourd'hui que pour mémoire sur la liste des pays adonnés à l'industrie de la soie Il y a peu d'années, on ouvrit à Lisbonne quelques fabriques de soierie, qui s'efforcent d'émanciper les Portugais de la nécessisité de recourir à la France pour quelques articles de consommation ordinaire. Vers le XVIᵉ siècle, les étoffes de soie portugaises étaient exportées et estimées en Amérique.

D'après Duseigneur, le Portugal a produit, en 1870, environ 1,000,000 kilog. de cocons.

La Russie, la Hongrie, la Belgique, la Suède et les Pays-Bas, possèdent quelques fabriques de soie depuis bien des années; mais jusqu'ici elles n'ont eu qu'une importance manufacturière très-limitée, et ont produit seulement des étoffes de consommation locale. On ne peut guère les compter au nombre des pays producteurs pour l'industrie des soies.

Avant de clore ces notices statistiques, nous devons mentionner les pays qui ont été autrefois le berceau de l'industrie

de la soie, et que l'Europe pourvoit aujourd'hui des produits de
ses manufactures : la Turquie, la Grèce, l'Égypte, le Maroc et
la Perse. Tout est borné, dans ces pays, à une fabrication do-
mestique, limitée aux besoins, aux habitudes et au goût des
populations. C'est une industrie rudimentaire, qui participe de
la paresse des Orientaux : les générations s'y succèdent sans
que l'industrie des soies reçoive aucune innovation, aucun
perfectionnement. Les articles qui se fabriquaient aux temps
reculés de Bouddha sont encore reproduits aujourd'hui avec
peu de changements. Pourtant le gouvernement turc a, dernière-
ment, établi à Hercke un atelier modèle pour le tissage, et il est
à croire que l'industrie de ce pays en tirera, avec le temps, un
grand avantage.

Les produits de la Chine et de l'Inde présentent aussi un caractère stationnaire, avec la même persistance dans l'exécution
de types invariables. Ce sont toujours les mêmes tissus unis,
rayés, quadrillés, imprimés ou crêpés; tantôt légers et délicats,
tantôt durs et grossiers; toujours les mêmes écharpes, les
mêmes châles, damas brochés des plus vives couleurs, dont les
dessins et dispositions pouvaient servir de modèle en l'an 1300
aux écoles de tissage d'Europe. Il faut cependant remarquer
dans les produits de l'Inde plus de variété et de bon goût, tant
dans l'originalité des dessins que dans la beauté des couleurs :
on y respecte toutefois fidèlement, et avec persévérance, les tra-
ditions et les usages qui datent d'un temps immémorial.

Le plus remarquable des pays de l'Extrême Orient, pour ses
progrès dans le tissage des soies, c'est le Japon. Il y a de l'originalité, sinon de la vraie beauté, et un soin extrême, dans l'exécution et la disposition des tissus de soie pure ou mélangée, surtout les tissus brochés, que fabriquent les Japonais.

Quiconque connaît les méthodes imparfaites, les instruments
primitifs, qu'emploient les Japonais pour la préparation de leurs
tissus de soie, doit être émerveillé des grands progrès qu'ils ont

faits. Qu'il nous suffise de dire que le Japon, et aussi la Chine, emploient encore aujourd'hui pour les étoffes façonnées le tissage *a tira lacci,* tel que les Orientaux l'ont inventé, et que les mêmes méthodes grossières, employées pour le tissage des cocons et la filature des soies, à l'époque où cet art passa en Occident, sont encore actuellement en usage dans ces pays, sans avoir subi aucune amélioration notable.

Mais, si les pays orientaux, à l'exception du Japon, ne peuvent se vanter d'aucun progrès, cela ne veut pas dire que l'art de la soie y tombe en décadence : c'est plutôt un art arrivé à la limite qu'on s'est imposée, et que nul ne se soucie de dépasser. Que leurs étoffes obtiennent ou non la faveur des Européens et, par suite, soient recherchées par eux, ils ne s'en préoccupent guère : ils ont des millions de consommateurs qui se contenteront de cette mode toujours stationnaire, et cela leur suffit.

Par compensation, si les Orientaux ne nous vendent pas leurs tissus, ils ont l'Europe pour tributaire de leurs soies : plus de la moitié des soies mises en œuvre par les fabriques d'Europe provient des marchés de l'Asie (1).

Si l'on réfléchit à la facilité surprenante avec laquelle, en peu de temps, la Chine et le Japon ont pu doubler et quadrupler leur exportation en soie, au gré des demandes de l'extérieur, on est bien obligé d'admettre que ces pays produisent annuelle ment des quantités de soie énormes, que nous ne connaissons pas exactement. La preuve en est que la Chine, à elle seule, la première année qu'elle a ouvert avec l'Europe des rapports commerciaux véritablement importants, c'est-à-dire en 1843, a exporté 2,650 balles de soie, soit 123,000 kilog.; en 1845, l'exportation se montait à 11,000 balles ; en 1857, à 95,000 ; et depuis, la moyenne annuelle s'est maintenue à 50,000 balles,

(1) Voir la statistique de la production de la soie en 1872, publiée par les soins du Syndicat des marchands de soie de Lyon.

faisant 2,300,000 kilog. de soie. De même la production du Japon, sur laquelle nous n'avons pas de notions statistiques précises, doit être très-importante; car depuis 1858, époque où ce pays a commencé ses relations avec l'Europe pour le commerce de la soie, il en a exporté annuellement de 500,000 kilog. à 1,000,000 kilog.; en 1863, le chiffre s'est élevé à 1,600,000 kilog., ou 26,000 balles, sans compter une exportation énorme de cartons; savoir : 2,500,000 en 1865, 2,300,000 en 1868, et environ 1.400,000, en moyenne, les années suivantes.

Les circulaires Tardine, Matheson et Cⁱᵉ, évaluent l'ensemble des soies importées de la Chine et du Japon en Europe, depuis 1863-64 à 1872-73, c'est-à-dire dans un intervalle de dix ans, à 620,196 balles, qui font environ 30,000,000 kilog.

- FIN

DE CONFÉRENCES PUBLIQUES

SUR LES

ÉDUCATIONS DE VERS A SOIE

Par ordre de M. le Ministre de l'Agriculture et du Commerce, M. le Directeur de la Station séricicole de Montpellier fera une conférence sur les soins à donner aux éducations de vers à soie, dans les villes suivantes :

NOVEMBRE 1875	DÉCEMBRE 1875
6. — Avignon.	1 — Le Vigan.
9 — Apt	4. — Clermont-l'Hérault.
11. — Carpentras.	7. — Perpignan
13. — Montélimar.	10. — Salon
15. — Valence.	11 — Manosque
17. — Saint-Marcelin.	13 — Aix.
19. — Grenoble.	16. — Brignoles.
22. — Tournon.	18. — Vidauban.
24. — Aubenas.	20. — Nice.
25. — Largentiére.	22. — Toulon.
27. — Alais	23. — Marseille.
30. — Nîmes.	27. — Montpellier.

Dans chacune de ces villes, la conférence aura lieu à 2 heures du soir.

PROGRAMME DE LA CONFÉRENCE

1° Soins hygiéniques

Abris contre les intempéries de l'air.— Espacement aux divers âges ; dangers de l'encombrement.—Transpiration du ver ; état hygrométrique convenable ; ventilation ; délitages.— Température ; ses limites, ses variations; poêles et thermomètres.— Qualité de la feuille.— Isolement des chambrées.

2° Soins économiques

Incubation.— Éclosion. — Égalisation. — Consommation de feuille; température. — Mues ; délitages. - Étageres, claies, coupe-feuilles ; encabanages.— Cas de mortalité.

3° Résultats obtenus, statistique des résultats

PUBLICATIONS

DE LA STATION SÉRICICOLE DE MONTPELLIER

EN PRÉPARATION

MONTPELLIER, IMPRIMERIE CENTRALE DU MIDI
(Ricateau, Hamelin et Cie.)

MONTPELLIER, IMPRIMERIE CENTRALE DU MIDI

RICATEAU, HAMELIN ET Cíe

www.ingramcontent.com/pod-product-compliance
Lightning Source LLC
Chambersburg PA
CBHW071333200326
41520CB00013B/2961